Wijsheid komt met de jaren

...vergeetachtigheid helaas ook

Originele titel: *A Collection of Quotable Quotes*

Deze uitgave door: Deltas, België-Nederland
Nederlandse vertaling: Kitty Polderman
Gedrukt in China

D-MMXV-0001-70
NUR 370

Wijsheid komt met de jaren

...vergeetachtigheid helaas ook

DELTAS

Een criticus is iemand die weet hoe hij een wagen moet besturen, maar het zelf niet kan.

Kenneth Tynan

Alleen lelijke mensen hebben manieren nodig. De mooie mensen komen met alles weg.

Evelyn Waugh

Een comité is een doodlopende straat waarin ideeën worden gelokt die dan worden gewurgd.

Sir Barnett Cocks

'Ik heb voor alles een citaat, dan hoef ik zelf niets origineels te bedenken.'

Dorothy L. Sayers

'Elke keer dat een vriend succes heeft, sterft er iets in mij.'

Gore Vidal

We trekken niet terug, we rukken op in een andere richting.

Generaal Douglas MacArthur

Vrouwen kijken niet naar het nieuws en lezen geen kwaliteitskranten.

Barones Jay

Als liefde het antwoord is, zou je dan de vraag eens anders willen stellen?

Lily Tomlin

Als een vrouw een opleiding wil, komt dat waarschijnlijk omdat haar geslachtsorganen niet goed werken.

Friedrich Nietzsche

Je liegt niet met opzet, maar soms moet je eromheen draaien.

Margaret Thatcher

'Ik heb geen bierbuik. Het is een Bourgondische buik en hij heeft me veel geld gekost.'

Charles Clarke

‘Religie is voor mij slechts opium voor het intellect.’

Leon Trotski

Als je ze niet kunt overtuigen, breng ze dan in de war.

Harry S Truman

Als je bang bent voor eenzaamheid, moet je niet trouwen.

Anton Tsjechov

Vanaf het moment dat ik je boek oppakte totdat ik het neerlegde, moest ik onbedaarlijk lachen. Ik ben van plan om het ooit te lezen.

Groucho Marx

Als ik God was
en ik een natie mocht scheppen
die de Engelsen zou ergeren,
dan zou ik de Fransen scheppen.

Julian Barnes

Gezegend is de man
die niets te zeggen heeft
en zich onthoudt
van het leveren
van het bewijs daarvan
in woorden.

George Eliot

‘Wat vrouwen ook doen, ze moeten het tweemaal zo goed doen als mannen om als half zo goed te worden beschouwd. Gelukkig is dat niet moeilijk.’

Charlotte Whitton

‘Iedere man die jonger is dan dertig én geen liberaal is, heeft geen hart; en iedere man die ouder is dan dertig én geen conservatief is, heeft geen hersenen.’

Sir Winston Churchill

Een liberaal is een man die te open van geest is om in een discussie zijn eigen kant te kiezen.

Robert Frost

Vertrouw nooit mannen met korte benen. Hun hersenen zitten te dicht bij hun achterwerk.

Sir Noel Coward

Er werd dit jaar zoveel met modder gegooid dat alle genomineerden er zwart uitzagen.

Whoopi Goldberg op de Oscaruitreiking

Er zijn altijd mensen die wachten tot ik iets gênants zeg, net zoals mijn vader.

Prinses Anne Mountbatten-Windsor

Als vakbonden de zweep vasthouden, op wie zijn rug komt die dan neer?

Margaret Thatcher

‘Ik heb een man nooit genoeg gehaat om hem zijn diamanten terug te geven.’

Zsa Zsa Gabor

‘Een echtgenoot is wat er overblijft van een minnaar nadat de zenuw eruit is gehaald.’

Helen Rowland

Liefde is een oceaan van emoties, volledig omringd door uitgaven.

Lord Dewar

Democratie zorgt ervoor dat we niet beter zullen worden geregeerd dan we verdienen.

George Bernard Shaw

Vrijgezellen weten meer van vrouwen dan getrouwde mannen; als dat niet zo was, zouden ze zelf getrouwd zijn.

H. L. Mencken

Ik trouwde onder mijn stand, dat doen alle vrouwen.

Nancy Astor

Een goede roman vertelt ons de waarheid over zijn held; een slechte roman vertelt ons de waarheid over zijn auteur.

G. K. Chesterton

'Als een man je vrouw steelt, is er geen betere wraak dan hem je vrouw te laten houden.'

Sacha Guitry

‘De helft van de Amerikaanse bevolking heeft nooit een krant gelezen. De helft heeft nooit voor een president gestemd. Men zou hopen dat het om dezelfde helft gaat.’

Gore Vidal

Voor veel mensen lijkt
het huwelijk niets meer dan
een noodzakelijke voorafgaande stap
voordat ze kunnen scheiden.

Mr. Justice Darling

Mijn ultieme fantasie is
een man in mijn slaapkamer lokken,
een revolver tegen zijn
hoofd plaatsen en zeggen:
'Verwek kinderen of je gaat eraan.'

Ruby Wax

Kapitalisme is de verbazingwekkende overtuiging dat de slechtste mannen de slechtste dingen zullen doen in het beste belang van iedereen.

John Maynard Keynes

Iedereen die genoeg muggenzift om een corrigerende brief naar een uitgever te sturen, verdient zonder twijfel de fout die de oorzaak ervan was.

Alvin Toffler

‘Ik heb geen interesse om rond de wereld te zeilen. En het is niet dat ik niet genoeg word gevraagd om dat te doen.’

Edward Heath

‘Net als liefde is dankbaarheid nooit een betrouwbare internationale emotie.’

Joseph Alsop

De echtgenoten van heel mooie vrouwen behoren tot de criminele klasse.

Oscar Wilde

Je kunt niet zeggen dat de beschaving geen vooruitgang boekt: in elke oorlog doden ze je op een nieuwe manier.

Will Rogers

Religie verandert wanhoop, die vernietigt, in berusting, die onderwerpt.

De gravin van Blessington

Ze spreekt vijf talen en kan in geen enkele ervan acteren.

John Gielgud over Ingrid Bergman

Veel mannen danken hun succes aan hun eerste vrouw en hun tweede vrouw aan hun succes.

Jim Backus

‘Bigamie is één vrouw te veel hebben. Monogamie is hetzelfde.’

Oscar Wilde

'Misschien is deze wereld de hel van een andere planeet.'

Aldous Huxley

Wat is dat toch met bruine schoenen? Ze laten koppige onconventionaliteit zien, en een psychologisch foutieve instelling.

Simon Heffer

Hij beweegt zich als een kruising tussen een majorette en Fred Astaire.

Truman Capote over Mick Jagger

Wanneer ik besefte dat ik God was? Toen ik aan het bidden was en me plotseling realiseerde dat ik tegen mezelf sprak.

Peter O'Toole

Doe niet aan seks. Het leidt tot kussen en al snel zul je met haar moeten praten.

Steve Martin

‘Als hij nog wat dommer zou zijn, was hij een boom.’

Barry Goldwater

‘Oh, Heer, geef me kuisheid, maar nu nog niet.’

St. Augustinus

Waarom zijn vrouwen voor mannen veel interessanter dan mannen voor vrouwen?

Virginia Woolf

Er zijn twee soorten mensen op deze wereld: badmensen en douchemensen.

Yoko Ono

Een klassieker is iets dat iedereen wil hebben gelezen, en niemand wil lezen.

Mark Twain

De natuur heeft vrouwen zoveel macht gegeven dat de wet ze wijselijk genoeg weinig macht heeft gegeven.

Dr. Samuel Johnson

Hij zei: 'Ik kan me niet herinneren wanneer we voor het laatst seks hebben gehad.' Waarop ik zei: 'Ik wel, en dat is de reden waarom we het niet meer doen.'

Roseanne Barr

‘Een eerlijke politicus is diegene die wanneer hij is omgekocht, omgekocht zal blijven.’

Simon Cameron

‘Vakbonden zijn eilanden van anarchie in een zee van chaos.’

Aneurin Bevan

In elk land moeten er mensen zijn die moeten sterven. Het zijn de offers die elke natie moet brengen om orde te kunnen handhaven.

Idi Amin Dada

Voor een man is het altijd onbegrijpelijk dat een vrouw een huwelijksaanzoek zou afslaan.

Jane Austen

**Bigamie is één manier
om de pijnlijke publiciteit
van een scheiding
en de kosten van
een alimentatie
te voorkomen.**

Oliver Herford

**Net als in een oorlog
is het in het huwelijk toegestaan
om op elke mogelijke manier
van de vijand te profiteren.**

Anoniem

‘Democratie moedigt de meerderheid aan om dingen te beslissen waarover de meerderheid niets weet.’

John Simon

‘Alle vrouwen worden zoals hun moeder. Dat is hun lot. Geen enkele man wordt zoals zijn moeder. Dat is zijn lot.’

Oscar Wilde

**Ik heb vrienden van begin dertig
die weemoedig in de verte staren,
heen en weer wiegen als beren
in een dierentuin en zeggen:
'Ik heb me erbij neergelegd
dat ik nooit kinderen zal hebben',
alsof ze tweeënnegentig zijn,
gek zijn en naar urine ruiken.**

India Knight

Als je ze bij hun ballen hebt, zullen hun hart en geest snel volgen.

Het 'motto' van de Amerikaanse elitetroepen

Ga nooit naar een dokter bij wie de kantoorplanten zijn doodgegaan.

Erma Bombeck

De meesten van ons gebruiken niet meer elke dag zilveren bestek.

Margaret Thatcher

‘Eerst negeren ze je, dan lachen ze je uit, dan vechten ze tegen je, dan win je.’

Mahatma Gandhi

‘Je kunt liefde niet kopen, maar je kunt er wel zwaar voor betalen.’

Henny Youngman

Vrouwen zouden geen prostituees zijn als de mannen er niet om vroegen.

Baroness Vickers

Een meisje dat denkt dat een man haar na het huwelijk beter zal behandelen is een dwaas.

William Clarke Hall

Ik leerde op jonge leeftijd dat als je aardig bent tegen mannen, je alles van hen gedaan kunt krijgen.

Natalie Wood

Hij heeft alle karaktereigenschappen van een hond, behalve trouw.

Sam Houston

Democratie betekent een verkiezing door de incompetente massa in plaats van de aanstelling door enkele corrupte mensen.

George Bernard Shaw

'Het is erg onverstandig van mensen die verliefd zijn om te trouwen.'

George Bernard Shaw

‘Als variatie de kruiding van het leven is, is het huwelijk de grote pot met restjes ingeblikt, smakeloos vlees.’

Johnny Carson

Moord is de extreme vorm van censuur.

George Bernard Shaw

Wat zijn complimenten? Het zijn dingen die je tegen mensen zegt als je niet weet wat je anders moet zeggen.

Constance Jones

Ik heb geen butler. We hebben gewoon drie mensen die voor het huis zorgen. Einde verhaal.

Shaun Woodward

Een huwelijk is het lot, net als ophanging.

John Heywood

Als je ouder dan vijftig bent, dan hangt het af van welke dag het is of je een aantal dingen kunt doen.

Bill Clinton

‘Wie het laatst lacht, heeft het niet begrepen.’

Helen Giangregorio

'Seks is de uitvinding van een heel slimme geslachtsziekte.'

David Cronenbourg

Onderbreek nooit je vijand als die een vergissing aan het maken is.

Napoleon Bonaparte

Ik heb gemerkt dat mensen die te laat komen veel vrolijker zijn dan de mensen die op hen moeten wachten.

E.V. Lucas

Jij vindt dat ik een atheïst ben; voor God ben ik de oppositiepartij.

Woody Allen

Een intelligente vrouw die het huwelijkscontract leest en ermee instemt, verdient alle gevolgen.

Isadora Duncan

Ik ben een uitstekende huishoudster. Elke keer dat ik van een man scheid, houd ik het huis.

Zsa Zsa Gabor

‘Het leuke aan een beroemdheid zijn is dat als je mensen verveelt, ze denken dat het hun schuld is.’

Henry Kissinger

‘Kinderen zijn de leukste tegenstanders bij Scrabble, want ze zijn gemakkelijk te verslaan en te bedriegen.’

Fran Lebowitz

Nieuw-Zeeland is een land van dertig miljoen schapen, waarvan er drie miljoen denken dat ze een mens zijn.

Barry Humphries

Ze zei dat hij op hun huwelijksnacht iets voorstelde dat zelfs haar eigen broer niet zou hebben voorgesteld.

James Thurber

Ik ben niet van plan om mijn laatste woorden op het podium te zeggen, liefje. Roomservice en een paar zedeloze jonge vrouwen lijken me erg geschikt als einde.

Sir Winston Churchill

Menselijke wezens, die bijna uniek zijn in het kunnen leren van de ervaringen van anderen, zijn ook opmerkelijk voor hun schijnbare afkeer om dat te doen.

Douglas Adams

‘Ik wil geen jaknikkers om me heen. Ik wil dat iedereen me de waarheid zegt, ook al kost ze dat hun baan.’

Samuel Goldwyn

‘Een atheïst is een man die geen onzichtbare steun heeft.’

Bisschop Fulton J. Sheen

Arnold Schwarzenegger ziet eruit als een condoom vol walnoten.

Clive James

De reden dat echtgenoten elkaar niet begrijpen, is dat ze tot verschillende seksen behoren.

Dorothy Dix

De Amerikanen zullen altijd het juiste doen… Nadat ze alle alternatieven hebben uitgeprobeerd.

Sir Winston Churchill

Als je ziet met wie sommige meisjes trouwen, dan besef je hoezeer ze het moeten haten om te werken voor de kost.

Helen Rowland

‘Een alcoholist is iemand die je niet graag mag, die evenveel drinkt als jij.’

Dylan Thomas

'Het is veel gemakkelijker om een vijand te vergeven nadat je hem een loer hebt gedraaid.'

Olin Miller

Achter elke succesvolle man staat een verbaasde schoonmoeder.

Hubert Humphrey

Een diplomaat... is iemand die je kan zeggen om naar de hel te lopen op zo'n manier dat je er eigenlijk naar uitkijkt.

Caskie Stinnett

Je kunt niet vroeg genoeg leren dat het meest nuttige aan een principe is dat het altijd kan worden opgeofferd voor eigenbelang.

W. Somerset Maugham

Therapie is geweldig. Ik praat een uur lang alleen maar over mezelf. Het lijkt wat op mannen op een date.

Caroline Rhea

‘Iedereen heeft zijn dag en sommige dagen duren langer dan andere.’

Sir Winston Churchill

‘Tachtig procent van de getrouwde mannen bedriegt zijn vrouw in Amerika. De rest doet dat in Europa.’

Jackie Mason

Ik maak me geen zorgen om terrorisme. Ik ben twee jaar getrouwd geweest.

Sam Kinison

Het huwelijk is een wonderlijke uitvinding, maar dat is een reparatiekit voor fietsen ook.

Billy Connolly

Het is een recessie als je buurman zijn baan verliest; het is een depressie als jij de jouwe verliest.

Harry S. Truman

Het is een bekend feit dat mannen praktische, koppige realisten zijn, in tegenstelling tot vrouwen die romantische dromers zijn en echt geloven dat huidcrème met oestrogeen werkt. Anders zou men toch niet zoveel geld voor zo'n klein potje kunnen vragen.

Jane Goodsell

Het leven is een riool.
Wat je eruit haalt,
hangt af van wat je erin stopt.

Tom Lehrer

'Om dingen uit te vinden, heb je een grote verbeelding en een hoop afval nodig.'

Thomas Edison

'Je kunt meer gedaan krijgen met een vriendelijk woord en een revolver dan met een vriendelijk woord alleen.'

Al Capone

**Geloof nooit iets in de politiek,
tenzij het officieel ontkend werd.**

Otto von Bismarck

**Zij was goed in
sprakeloos verstrooid zijn om
dezelfde reden dat dwergen
goed zijn in klein zijn.**

Clive James over Marilyn Monroe

Deze roman moet niet zachtjes opzij worden geschoven, maar met grote kracht worden weggesmeten.

Dorothy Parker

Als de wereld zou ontploffen, zou het laatste wat je hoorde de stem van een of andere expert zijn, die zegt dat dat niet mogelijk is.

Sir Peter Ustinov

‘Echt waar, als de lagere klasse ons niet het goede voorbeeld geeft, wat is dan hun nut?’

Oscar Wilde

‘Doe je job voor het volk en doe je job goed. Anders ben je *hasta la vista, baby.*’

Arnold Schwarzenegger

Auteur: een dwaas die niet voldaan is met het vervelen van zijn tijdgenoten, en er dan maar op staat om ook de generaties na hem te kwellen.

Montesquieu

Democratie is een proces waarbij de mensen vrij zijn om de man te kiezen die de schuld zal krijgen.

Laurence J. Peter

Natuurlijk was Amerika al vaak ontdekt vóór Columbus, maar het was altijd verzwegen.

Oscar Wilde

Hij weet niets, en hij denkt dat hij alles weet. Dat wijst duidelijk op een politieke carrière.

George Bernard Shaw

Ik trouwde met de eerste man die ik ooit heb gekust. Als ik dat aan mijn kinderen vertel, moeten ze bijna overgeven.

Barbara Bush

'Het is grappig hoe de meeste mensen van de doden houden. Als je eenmaal dood bent, leef je voor eeuwig.'

Jimi Hendrix

‘Waarom schrijf je geen boeken die de mensen kunnen lezen?’

Nora Joyce tegen haar man James.

Tragedie is als ik me in mijn vinger snijd. Komedie is als je in een open riool valt en sterft.

Mel Brooks

Wees een geliefde nooit ontrouw, behalve met je vrouw.

P.J. O'Rourke

**Hoewel ik ben voorbereid
op het martelaarschap,
zou ik verkiezen
dat het werd uitgesteld.**

Sir Winston Churchill

**Geen vrouw trouwt
voor het geld;
ze zijn allemaal slim genoeg
om eerst verliefd te worden
op een miljonair voordat ze
met hem trouwen.**

Cesare Pavese

'Ik heb een perfecte avond gehad. Maar dit was hem niet.'

Groucho Marx

‘Het is moreel verkeerd om een domkop zijn geld te laten houden.’

W. C. Fields

Ik denk hetzelfde over vliegtuigen als over diëten. Ik vind dat het geweldige dingen zijn voor andere mensen.

Jean Kerr

Een gedicht wordt nooit voltooid, alleen in de steek gelaten.

Paul Valery

Dit zijn mijn principes. Als ze je niet bevallen, heb ik nog wel andere.

Groucho Marx

In een huwelijk betekent aarzelen soms gered worden.

Samuel Butler

Soms vraag ik me af of mannen en vrouwen echt bij elkaar passen. Misschien zouden ze naast elkaar moeten wonen en gewoon af en toe bij elkaar op visite komen.

Katharine Hepburn

'Het is gevaarlijk om oprecht te zijn, tenzij je ook dom bent.'

George Bernard Shaw

'Een man is zo oud als hij zich voelt, een vrouw is zo oud als ze eruitziet.'

Mortimer Collins

Elke dag in een dagboek schrijven, is als je eigen braaksel opzoeken.

Enoch Powell

Leer een papegaai de termen 'vraag en aanbod' en je krijgt een econoom.

Thomas Carlyle

Er is niets aan het socialisme wat een beetje levenservaring of geld niet kan genezen.

Will Durant

Lange ervaring heeft me geleerd dat bekritiseerd worden niet altijd betekent dat je het fout hebt.

Anthony Eden

‘Een diamant is het enige soort ijs dat een meisje warm houdt.’

Elizabeth Taylor

‘De literatuur ligt bezaaid met de wrakken van hen die zich ongegrond de mening van anderen hebben aangetrokken.’

Virginia Woolf

**Ik vind het niet erg
dat mensen op hun horloge
kijken terwijl ik praat.
Ik ben er echter enorm tegen
dat ze ermee gaan schudden om er
zeker van te zijn dat het nog werkt.**

Lord Birkett

**De geschiedenis zal aardig
voor me zijn, want ik ben
van plan om die te schrijven.**

Sir Winston Churchill

Doe altijd het goede; dat zal sommige mensen tevredenstellen, en de rest verbazen.

Mark Twain

We zijn het er allemaal over eens dat je theorie krankzinnig is. Maar is ze krankzinnig genoeg?

Niels Bohr

De grote naties hebben zich altijd als gangsters gedragen, en de kleine naties als prostituees.

Stanley Kubrick

'Ik lees nooit een boek alvorens het te recenseren; men wordt er zo door bevooroordeeld.'

Sydney Smith

‘Lach en de wereld lacht met je mee. Snurk en je snurkt alleen.’

Anthony Burgess

**Ga nooit kwaad naar bed.
Blijf wakker en maak ruzie.**

Phyllis Diller

**Er bestaan miljoenen definities
van public relations.
Ik heb ontdekt dat het de kunst is
om de waarheid zo te schikken
dat mensen je graag mogen.**

Alan Harrington

Alleen de winnaars beslissen wat oorlogsmisdaden waren.

Gary Wills

We hadden veel gemeen. Ik hield van hem en hij hield ook van zichzelf.

Shelley Winters

Trouwen is je rechten halveren en je plichten verdubbelen.

Arthur Schopenhauer

‘Washington kon geen leugen vertellen, Nixon kon de waarheid niet vertellen en Reagan kon niet vertellen wat het verschil is.’

Mort Sahl

‘Er is niets waar ik meer bang voor ben dan een man die de hele dag door grapjes maakt.’

Madame de Sévigné

Als God wilde dat
we vaak naar de kerk gingen,
zou hij ons grotere achterwerken
hebben gegeven om op te zitten
en kleinere hoofden
om mee te denken.

P. J. O'Rourke

De hersenen van een domkop
verteren filosofie tot dwaasheid,
wetenschap tot bijgeloof, en kunst tot
betweterigheid. Daarom hebben ze
universitaire opleidingen.

George Bernard Shaw

Als al het overige is mislukt,
lees dan de handleiding.

Anoniem

Ik viel in slaap toen ik
een saai boek aan het lezen was,
en ik droomde dat ik verder las,
dus van pure saaiheid
werd ik wakker.

Heinrich Heine

‘Ik maak nooit domme fouten. Alleen heel, heel slimme.’

John Peel

‘Een zondagsschool is een gevangenis waarin kinderen boete doen voor het slechte geweten van hun ouders.’

H. L. Mencken

Ik denk dat mensen meer tegen zichzelf liegen dan tegen wie dan ook.

Lord Byron

Ik betwijfel of de kunst critici nodig heeft, net zoals een bewegende trein geen van zijn passagiers nodig heeft om hem te duwen.

Tom Stoppard

Zelfs een groep engelen kan gemeen worden als er genoeg engelen werkloos zijn en rond de Hemelse Poorten fladderen, overtuigd dat alle demonen alle drankwinkels in de Hemel bezitten.

P.J. O'Rourke

Waarom vindt ze me niet aardig? Is het mijn haar, mijn tanden, of het feit dat ik al vier jaar hetzelfde T-shirt en dezelfde korte broek draag?

Bart Simpson

‘De kunst verstaan van de grootst mogelijke onoprechtheid tussen twee mensen, dat is waar het altijd om draait in een huwelijk.’

Vicki Baum

‘Je moet opletten als je niet weet waar je heen gaat, want je komt er misschien niet.’

Yogi Berra

Architectuur is de kunst van het verspillen van ruimte.

Philip Johnson

Een parlementariër zijn, is een goede baan. Het is het soort baan dat alle ouders van de werkende klasse voor hun kinderen willen: schoon, niet in de buitenlucht en geen zwaar tilwerk.

Diane Abbott

Een vrijgezel moet inspiratie hebben om met een vrouw de liefde te bedrijven, een getrouwde man heeft alleen een excuus nodig.

Helen Rowland

Drink in een onderontwikkeld land geen water. Adem in een ontwikkeld land geen lucht in.

Jonathan Raban

‘Om je huwelijk bruisend en vol van liefde te houden: als je ongelijk hebt, geef dat dan toe; als je gelijk hebt, zwijg.’

Ogden Nash

‘Scheiden omdat je niet van een man houdt, is bijna net zo stom als trouwen omdat je dat wel doet.’

Zsa Zsa Gabor

Het maakt niet veel uit met wie je trouwt, want de volgende dag zul je zeker ontdekken dat het iemand anders was.

Will Rogers

De Bijbel bevat zes vermaningen voor homoseksuelen en 362 vermaningen voor heteroseksuelen. Dat betekent niet dat God niet van heteroseksuelen houdt. Ze hebben alleen meer toezicht nodig.

Lynn Lavner

Een expert is een man die in een klein vakgebied alle fouten heeft gemaakt die er kunnen worden gemaakt.

Niels Bohr

Het lijkt vaak jammer dat Noach en zijn bende de boot niet hebben gemist.

Mark Twain

‘Bambi: bekijk de film! De cast is om op te eten!’

Anoniem

‘Een goed moment om je mond te houden, is als je in diep water bent.’

Sidney Goff

Niemand luistert echt naar iemand anders, en als je het een tijdje probeert, zul je zien waarom.

Mignon McLaughlin

Als je van een auteur steelt, is het plagiaat; als je van veel auteurs steelt, is het onderzoek.

Wilson Mizner

Ah, Mozart! Hij was gelukkig getrouwd, maar zijn vrouw niet.

Victor Borge

Amerika is een van de beste landen die iemand ooit heeft gestolen.

Bobcat Goldthwait

Als ik twee gezichten zou hebben, zou ik dan dit gezicht dragen?

Abraham Lincoln

Als mensen niet aan Chaplins voeten zitten, vertrekt hij om te gaan staan waar ze zitten.

Herman J. Makiewicz

‘Als je vanavond iets gaat doen waarvan je morgenvroeg spijt zult hebben, blijf dan lang in je bed liggen.’

Henny Youngman

‘Ginger Rogers deed alles wat Fred Astaire deed. Ze deed het alleen achterstevoren en op hoge hakken.’

Ann Richards

Probeer nooit zoals de rijken te zijn. Sleur ze mee naar jouw niveau. Dat is goedkoper.

Quentin Crisp

Vrouw zijn is alleen interessant voor ambitieuze mannelijke transseksuelen. Voor echte vrouwen is het slechts een goed excuus om geen voetbal te hoeven spelen.

Fran Lebowitz

Ik heb nooit op dezelfde manier van iemand gehouden als van mezelf.

Mae West

Ik had geen tijd om een korte brief te schrijven, dus heb ik in plaats daarvan een lange geschreven.

Mark Twain

Sommige uitgevers zijn mislukte schrijvers, maar dat zijn de meeste schrijvers ook.

T S Eliot

‘Ze zag eruit of ze in haar kleren was gegoten en had vergeten om stop te zeggen.’

P.G. Wodehouse

‘De waarschuwings-
boodschap die we de
Russen stuurden,
was een berekende
dubbelzinnigheid die
duidelijk zou worden
begrepen.’

Alexander Haig

Verre verwanten zijn de beste soort, en hoe verder weg hoe beter.

Frank McKinney

Een kerncentrale is oneindig veel veiliger dan eten, want er sterven driehonderd mensen per jaar omdat ze in hun voedsel stikken.

Dixy Lee Ray

Liefde is blind, het huwelijk is wat de ogen opent.

Pauline Thomason

Vertrouw nooit een echtgenoot die te ver van je weg is, of een vrijgezel die te dicht bij je komt.

Helen Rowland

Een hippie is iemand
die eruitziet als Tarzan,
loopt als Jane en
ruikt als Cheeta.

Ronald Reagan

‘Sommige mensen brengen vreugde waar ze naartoe gaan; anderen waar ze weggaan.’

Oscar Wilde

'Ik ben blij dat ik geen man ben, want als ik er een was, zou ik worden gedwongen om met een vrouw te trouwen.'

Madame de Staël

Sla een principe nooit zo hoog aan dat je het niet kunt verlagen om het bij de omstandigheden te laten passen.

Sir Winston Churchill

Het probleem met sommige vrouwen is dat ze helemaal opgewonden raken om niets, en er dan mee trouwen.

Cher

Seks is wat het minste tijd vraagt en de meeste problemen veroorzaakt.

John Barrymore

Als je weg bent, voel ik me rusteloos, eenzaam, ongelukkig, verveeld, afgewezen; maar het addertje onder het gras, liefste, is dat ik me hetzelfde voel als je hier bent.

Samuel Hoffenstein

'Ik ben een atheïst, Godzijdank!'

Louis Bunuel

‘Adverteren kan worden omschreven als de wetenschap van het net lang genoeg stopzetten van de menselijke intelligentie om er geld uit te slaan.’

Stephen Leacock

Natuurlijk gaan we vrouwen niet betuttelen. We gaan hun alleen maar uitleggen in eenlettergrepige woorden waarover het gaat.

Lady Olga Maitland

Als de feiten niet stroken met de theorie, verander dan de feiten.

Albert Einstein

Bedankt dat je me een exemplaar van je boek hebt gestuurd, ik zal geen tijd verspillen om het te lezen.

Moses Hadas, boekrecensent

Moderne muziek is een compositie van drie scheten en wat gejoel.

Sir John Barbirolli

‘België is een land dat door de Britten is uitgevonden om de Fransen te ergeren.’

Charles de Gaulle

‘Ik ben voor een krachtigere doodstraf.’

George Bush

Ik heb soms aan trouwen gedacht,
en toen heb ik opnieuw nagedacht.

Sir Noel Coward

Mevrouw, voor u een man zo openlijk in zijn gezicht vleit, moet u eerst overwegen of uw vleierij wel de moeite waard is om te krijgen.

Dr. Samuel Johnson

Wat een geluk voor de machthebbers dat mensen niet nadenken.

Adolf Hitler

Beoordeel een boek nooit aan de hand van zijn film.

J. W. Eagan

Geen enkele arme dwaas won ooit een oorlog door te sterven voor zijn land. Hij won die door andere dwazen te laten sterven voor hun land.

George S. Patton

‘Geen man zou moeten trouwen voordat hij de anatomie heeft bestudeerd en minstens één vrouw heeft ontleed.’

Honoré de Balzac

‘Oorlog is een veel te ernstige zaak om te worden overgelaten aan militairen.’

George Clemenceau

De geest is als een parachute, hij werkt alleen als hij open is.

Thomas Dewar

Ik verspreid niet graag roddels, maar wat moet je er anders mee doen?

Amanda Lear

Je kunt doen alsof je ernstig bent, maar je kunt niet doen alsof je grappig bent.

Sacha Guitry

Ervaring is een groot voordeel. Het probleem is dat als je eenmaal de ervaring hebt, je te oud bent om er iets mee te doen.

Jimmy Connors

Onderzoek is het betreden van steegjes om te kijken of ze doodlopen.

Plutarchus

‘De duur van een film zou evenredig moeten zijn met het uithoudingsvermogen van de menselijke blaas.’

Alfred Hitchcock

‘Als de menselijke geest eenvoudig genoeg was om te begrijpen, zouden we te eenvoudig zijn om die te begrijpen.’

Edith Sitwell

Oudere vrouwen zijn het best omdat ze altijd denken dat ze het misschien voor de laatste keer doen.

Ian Fleming

Het is waar dat ik het meisje heb gestrikt, maar mijn grootvader zei altijd: 'Zelfs een blinde kip vindt nu en dan een graankorrel.'

Lyle Lovett toen hij met Julia Roberts trouwde

Het is niet zozeer
wat er op tafel staat
dat belangrijk is,
maar wat er
op de stoelen zit.

Sir W.S. Gilbert

Acteren is het minste van alle talenten en bepaald geen stijlvolle manier om de kost te verdienen. Uiteindelijk kon Shirley Temple het toen ze vier jaar was.

Katharine Hepburn

‘Het is nog niet erg genoeg dat God niet bestaat… probeer maar eens een loodgieter te vinden op zondag.’

Woody Allen

‘Volgens mij zijn mannen met een oorbel beter voorbereid op het huwelijk. Ze hebben pijn ervaren en sieraden gekocht.’

Rita Rudner

Mensen liegen nooit zoveel als na de jacht, tijdens een oorlog of voor een verkiezing.

Otto von Bismarck

Wie zegt dat geld geen geluk kan kopen, weet niet waar hij moet gaan shoppen.

Gittel Hudnick

Niemand kan ervoor zorgen dat je je minderwaardig voelt zonder je toestemming.

Eleanor Roosevelt

Ik zei hem dat hij een foto moest maken van zijn ballen, zodat hij iets als aandenken zou hebben als hij me ooit nog een keer zou slaan.

Bobby Knight

Ik weiger om toe te geven dat ik tweeënvijftig ben, ook al maakt dat mijn zonen onwettig.

Nancy Astor

'Ik heb nog nooit een situatie meegemaakt die zo vreselijk was dat een politieagent die niet nog erger kon maken.'

Brendan Behan

‘Elke dwaas kan de waarheid vertellen, maar alleen een man met een zekere kennis kan goed liegen.’

Samuel Butler

De kerk is een groot depot van verloren voorwerpen.

Robert Short

Ik ben vrij van alle vooroordelen. Ik haat iedereen even erg.

W. C. Fields

Mannen trouwen omdat ze moe zijn, vrouwen omdat ze nieuwsgierig zijn, beiden worden teleurgesteld.

Oscar Wilde

Onderzoek is wat ik doe als ik niet weet wat ik aan het doen ben.

Werner von Braun

Als iemand je een pepermuntje aanbiedt, neem het dan aan, want dat wil zeggen dat je het nodig hebt.

H. Jackson Brown jr.

Een conservatief is iemand die radicalen eeuwen nadat ze zijn gestorven bewondert.

Leo Rosten

‘Ik wil geen onsterfelijkheid bereiken door mijn werk, ik wil onsterfelijkheid bereiken door niet te sterven.’

Woody Allen

‘Ik wist meteen dat Rock Hudson homo was toen hij niet verliefd op me werd.’

Gina Lollobrigida

Ik vind nog steeds dat een kerktoren met een bliksemafleider bovenaan een teken is van een gebrek aan zelfvertrouwen.

Doug MacLeod

Haar deugd was dat ze zei wat ze dacht, haar ondeugd was dat wat ze dacht niets te betekenen had.

Sir Peter Ustinov

**Ik was de eerste vrouw
die haar beha in brand stak;
het kostte de brandweer vier
dagen om hem te doven.**

Dolly Parton

**Ik kom altijd laat aan op kantoor,
maar ik maak het goed
door vroeg te vertrekken.**

Charles Lamb

‘Een van de moeilijkste zaken ter wereld is een vrouw ervan overtuigen dat zelfs een koopje geld kost.’

Mae West

‘In het sovjetleger vraagt het meer moed om terug te trekken dan om op te rukken.’

Jozef Stalin

Als je stopt met roken, drinken en seks zul je niet écht langer leven, het zal alleen maar langer lijken.

Sir Clement Freud

Huwelijken worden in de hemel afgesloten en op aarde geconsumeerd.

John Lilly

Er bestaan drie geweldige vrienden: een oude vrouw, een oude hond en cash geld.

Benjamin Franklin

Als een vrouw je eenmaal haar hart heeft gegeven, raak je de rest van haar lichaam nooit meer kwijt.

Sir John Vanbrugh

Deze film kostte 31 miljoen dollar. Met dat geld had ik een land kunnen binnenvallen.

Clint Eastwood

'In de politiek is domheid geen handicap.'

Napoleon Bonaparte

'Een moord op televisie bekijken, kan je helpen om je slechte gevoelens te luchten. En als je geen slechte gevoelens hebt, zullen de reclameblokken je die wel bezorgen.'

Alfred Hitchcock

**Als de rijken oorlog voeren,
zijn het de armen die sterven.**

Jean-Paul Sartre

**Het is beter een blijvend inkomen
te hebben dan fascinerend te zijn.**

Oscar Wilde

**Vrouwen: als ze je
huwelijksaanzoeken niet afslaan,
beschuldigen ze je van verdacht
gedrag in de paskamer
van de lingerieafdeling.**

Cliff Clavin

Vliegvissen is een heel vermakelijke bezigheid, maar hengelen of vissen met een dobber kan ik alleen maar vergelijken met een stok en een touwtje, met een worm aan het ene en een dwaas aan het andere eind.

Dr. Samuel Johnson

De man die alleen gaat, kan vandaag beginnen; maar hij die reist met een ander, moet wachten tot die ander klaar is.

Henry David Thoreau

‘Geef nooit een verklaring: je vrienden hebben die niet nodig en je vijanden zullen je toch niet geloven.’

Elbert Hubbard

‘Als een man goede manieren heeft en niet bang is voor andere mensen, dan zal hij het wel redden, ook al is hij dom.’

Sir David Eccles

Het grote verschil tussen seks voor geld en gratis seks is dat seks voor geld minder kost.

Brendan Francis

Als je aan alle regels gehoorzaamt, loop je al het plezier mis.

Katharine Hepburn

**Een vrijgezel is iemand
die van de jacht houdt,
maar de prooi niet opeet.**

Anoniem

**Ze bereidde niet zozeer het voedsel,
maar vermoordde het.**

Storm Jameson

**Het probleem is dat de domme
mensen te veel zelfvertrouwen
hebben en de intelligente mensen
vol twijfels zitten.**

Bertrand Russell

‘Arm Mexico,
zo ver van God
en zo dicht bij
de Verenigde
Staten.’

Porfiro Diaz

‘Met geld koop je geen vrienden, maar je krijgt een betere klasse vijanden.’

Spike Milligan

Ervaring is wat je krijgt als je niet krijgt wat je wilt.

Don Stanford

Een Engelsman zal zelfs als hij alleen is een ordelijke rij van één persoon vormen.

George Mikes

Politiek is het op een na oudste beroep. Het heeft veel gelijkenissen met het oudste.

Ronald Reagan

Je hersenen beginnen te werken vanaf je geboorte en stoppen pas wanneer je opstaat om in het openbaar te spreken.

Sir George Jessel

Ik geloof in gelijkheid voor iedereen, behalve voor journalisten en fotografen.

Mahatma Gandhi

‘Je kunt in Hollywood geen echte vriendschap vinden, omdat iedereen zo goed is in de valse vriendschap.’

Carrie Fisher

‘Wees slimmer dan andere mensen als je kunt, maar vertel het ze niet.’

Lord Chesterfield

Ik was tevreden dat ik zo snel kon antwoorden. Ik zei: 'Ik weet het niet.'

Mark Twain

We weten uit ervaring dat mannen nooit leren uit ervaring.

George Bernard Shaw

Waar er een efficiënte regering is, is er een dictatuur.

Harry S. Truman

Haast je niet en maak je geen zorgen. Je bent hier maar heel even. Zorg er dus voor dat je op tijd stopt om aan de bloemen te ruiken.

Walter Hagen

De dwaasheden waarover een man zich het meest beklaagt, zijn die welke hij niet pleegde toen hij er de gelegenheid voor had.

Helen Rowland

‘Weinig mensen kunnen gelukkig zijn als ze niet een andere persoon, natie of overtuiging kunnen haten.’

Bertrand Russell

'Literatuur gaat meestal over het hebben van seks en niet zoveel over het hebben van kinderen. In het leven is het net omgekeerd.'

David Lodge

De hel is geplaveid met goede Samaritanen.

William M. Holden

Een prof vroeg wat het verschil is tussen domheid en onverschilligheid. Hij gaf het hoogste cijfer aan een student die had geantwoord: 'Ik weet het niet en het maakt me niets uit.'

Richard Pratt

Televisie is een uitvinding
die je in staat stelt om in je
huiskamer te worden vermaakt
door mensen die je niet
zou binnenlaten in je huis.

David Frost

Amerika is een grote, vriendelijke
hond in een heel kleine kamer.
Elke keer dat hij met zijn staart
kwispelt, stoot hij een stoel omver.

Arnold Toynbee

‘Vrouwen ouder dan dertig zijn op hun best, maar mannen ouder dan dertig zijn te oud om dat te beseffen.’

Jean-Paul Belmondo

‘Hogescholen zijn gebouwen waarin kiezelstenen worden gepolijst en diamanten dof worden gemaakt.’

Robert G. Ingersoll

Waarom denkt hij dat een acteur van middelbare leeftijd die met een chimpansee heeft gespeeld een toekomst in de politiek kan hebben?

Ronald Reagan over Clint Eastwood

Het verschil tussen fictie en realiteit? Fictie moet logisch zijn.

Tom Clancy

Een bank is een instelling die bereid is om je geld te lenen als je kunt bewijzen dat je het niet nodig hebt.

Bob Hope

Een cynicus heeft negen van de tien keer gelijk.

H.L. Mencken

Een omheining rond een kerkhof is overbodig, want zij die binnen liggen, kunnen niet naar buiten gaan en zij die buiten staan, willen niet naar binnen komen.

Arthur Brisbane

‘Het teken van ware intelligentie is die te verbergen.’

François de la Rochefoucauld

‘Iedereen wil Cary Grant zijn. Zelfs ik wil Cary Grant zijn.’

Cary Grant

De twee meest overvloedige dingen in het universum zijn waterstof en domheid.

Harlan Ellison

Vergissen is menselijk, maar het voelt goddelijk aan.

Mae West

Ik vind televisie heel educatief. Telkens als iemand de tv aanzet, ga ik in een andere kamer een boek lezen.

Groucho Marx

Ik heb niet gefaald.
Ik heb 10.000 manieren gevonden
die niet werken.

Thomas Alva Edison

Ik ben op een leeftijd gekomen
waarop ik nog slechts
van één sport kan genieten:
de jacht op mijn bril.

Lord Grey of Falloden

Liefde is de triomf van
verbeelding over intelligentie.

H. L. Mencken

'Te veel van het goede kan fantastisch zijn.'

Mae West

‘Een man die nooit een vrouw heeft kwaad gemaakt, heeft gefaald in het leven.’

Christopher Morley

Zoals gewoonlijk bieden de liberalen een mengeling van degelijke en originele ideeën. Jammer genoeg is geen van de degelijke ideeën origineel en geen van de originele ideeën degelijk.

Harold Macmillan

Een slimme man begaat geen kleine blunders.

Johann Wolfgang von Goethe

Veel mensen denken dat ze denken terwijl ze eigenlijk gewoon hun vooroordelen opnieuw aan het ordenen zijn.

William James

‘Achter elk groot fortuin schuilt een misdaad.’

Honoré de Balzac

‘Wat ik wil, zijn mannen die me steunen als ik het bij het verkeerde eind heb.’

Lord Melbourne

**Ideeën moet je niet bewaren,
je moet er iets mee doen.**

Alfred North Whitehead

**Scheiding heet in het Latijn
divorcerum en dat betekent:
'Je genitaliën laten uitrukken
door je portefeuille heen.'**

Robin Williams

**Vroeg naar bed en vroeg uit de veren
wijst meestal op ongeschoolde arbeid.**

John Ciardi

President zijn is als een kerkhof beheren: je hebt veel mensen onder je en niemand luistert.

Bill Clinton

Om te slagen in de wereld, is het niet genoeg dat je dom bent, je moet ook goede manieren hebben.

Voltaire

‘Het huwelijk is een roman waarin de held in het eerste hoofdstuk sterft.’

Anoniem

‘De mens is het enige dier dat bloost of dat zou moeten doen.’

Mark Twain

Als we allemaal niet zo geïnteresseerd waren in onszelf, zou het leven zo oninteressant zijn dat niemand van ons in staat zou zijn om het te verdragen.

Schopenhauer

Mode is een vorm van lelijkheid die zo onverdraaglijk is dat we die elke zes maanden moeten veranderen.

Oscar Wilde

We weten allemaal dat eerste ministers met de waarheid getrouwd zijn, maar net als andere getrouwde koppels wonen ze soms apart.

Saki

Er is niets zo fout in deze wereld dat een verstandige vrouw in een halve dag tijd niet kan rechtzetten.

Giraudoux

‘Hij is erin geslaagd om de nederlaag uit de klauwen van de overwinning weg te graaien.’

Abraham Lincoln over generaal Burnside

‘De gemiddelde doctoraatsthesis is niets meer dan het verplaatsen van beenderen van het ene graf naar het andere.’

Frank J. Dobie

Glorie is vluchtig, maar
onbekendheid is voor eeuwig.

Napoleon Bonaparte

Vertrouw iedereen,
maar schud zelf de kaarten.

Finley Peter Dunne

Het geheim van succes is iets te
weten wat niemand anders weet.

Aristoteles Onassis

Politiek is oorlog zonder bloedvergieten, terwijl oorlog politiek is met bloedvergieten.

Mao Zedong

De echte maatstaf van een man is hoe hij iemand behandelt die hem geen voordeel kan opleveren.

Dr. Samuel Johnson

We moeten geloven in geluk. Hoe kan het anders dat mensen die we niet mogen succes hebben?

Jean Cocteau

‘Per definitie weet een student niet wat hij of zij niet weet.’

Michael Gorman

‘Geen nieuws is goed nieuws; geen journalisten is zelfs nog beter.’

Nicolas Bentley

Slapen is een uitstekende manier om naar een opera te luisteren.

James Stephens

Als vrouwen niet bestonden, zou al het geld ter wereld geen betekenis hebben.

Aristoteles Onassis

Er is niets mis met Californië dat een stijging van de zeespiegel niet kan oplossen.

Ross MacDonald

Tijd is een geweldige leraar,
maar jammer genoeg doodt hij
al zijn leerlingen.

Hector Berlioz

Toon me een geestelijk
gezonde man en
ik zal hem voor je genezen.

Carl Gustav Jung

‘Onderwijs... heeft een bevolking geproduceerd die in staat is om te lezen, maar niet in staat is om te onderscheiden wat het waard is om gelezen te worden.’

G. M. Trevelyan

‘Een gek ziet niet dezelfde boom die een wijze man ziet.’

William Blake

Een optimist ziet een kans in elk gevaar; de pessimist ziet het gevaar in elke kans.

Sir Winston Churchill

Soms denk ik dat God, bij het scheppen van de mens, zijn kunnen heeft overschat.

Oscar Wilde

Ervaring is wat ons toelaat om onze fouten opnieuw te maken, alleen met meer finesse.

Derwood Fincher

Politiek is geen slecht beroep. Als je slaagt, zijn er veel beloningen, en als je jezelf te schande maakt, kun je altijd een boek schrijven.

Ronald Reagan

Vrij zijn om te verlangen naar een antwoord, is essentieel voor het begrijpen van een probleem.

J. Krishnamurti

‘Als absolute macht zeker corrupt maakt, maakt absolute machteloosheid je dan onschuldig?’

Harry Shearer

‘Wees niet zo bescheiden, je bent niet zo geweldig.’

Golda Meir

Er is niets mis met niets te zeggen
hebben, tenzij je erop staat
om het te zeggen.

Anoniem

Als je iets gezegd wilt hebben,
vraag het een man;
als je iets gedaan wilt hebben,
vraag het een vrouw.

Margaret Thatcher

Voordat we de liefde bedrijven, neemt mijn man een pijnstiller in.

Joan Rivers

De hel, dat zijn de anderen.

Jean-Paul Sartre

Erotisch is als je iets gevoeligs en creatiefs doet met een veer. Pervers is als je de hele kip gebruikt.

Elmore Leonard

‘Je vrouw slaan kun je beter niet doen als ze van plan is om bij je weg te gaan.’

Harriet Harman

‘Oesters: ik kan me gewoon niet voorstellen waarom iemand iets slijmerigs geserveerd in een asbak wil eten.’

Miss Piggy

Een conservatief is een man met twee perfect functionerende benen die desondanks nooit heeft geleerd om vooruit te lopen.

Franklin Delano Roosevelt

Man, die Fransen. Ze hebben een ander woord voor alles!

Steve Martin

Verwar beweging nooit met actie.

Ernest Hemingway

Nadat alles is gezegd en gedaan,
is er veel meer gezegd dan gedaan.

Clark Omstead

Het is een broodjeaapverhaal
dat mensen zwanger worden
om kinderen te krijgen.

Menzies Campbell

‘Ik ben geen econoom. Ik ben een eerlijk man.’

Paul McCracken

'Toen ik zes was ontdekte ik dat de Kerstman niet bestond. Mijn moeder nam me mee naar het warenhuis om hem te zien en hij vroeg me om een handtekening.'

Shirley Temple Black

Ik weet niets van muziek. In mijn branche hoeft dat niet.

Elvis Presley

De enige manier om sommige mensen bezig te houden is gewoon naar ze te luisteren.

Kin Hubbard

Er is niet veel verschil tussen hengelen en als een idioot aan de rand van een rivier staan.

Anoniem

**Vergeef je vijanden,
maar vergeet nooit hun namen.**

John F. Kennedy

**Het leven is plezierig.
De dood is vredevol. Het is de
overgang die problematisch is.**

Isaac Asimov

**Ik ben ervoor om gevaarlijke
wapens uit de handen van
dwazen te houden. Laten we
beginnen met typemachines.**

Frank Lloyd Wright

‘Het zou voor een voetganger legaal moeten zijn om elke dag minstens één handgranaat naar een automobilist te gooien.’

Brendan Francis

'Je ziet een man nooit op straat lopen met een vrouw die een klein bierbuikje en een kale kruin heeft.'

Elayne Boosler

Een fanaticus is iemand die niet van idee en van onderwerp wil veranderen.

Sir Winston Churchill

Genialiteit en gekheid liggen heel dicht bij elkaar. Bij mij lopen ze zelfs door elkaar.

Oscar Levant

Ervaring is gewoon de naam die we geven aan onze fouten.

Oscar Wilde

**Als we wisten wat we deden,
zou het geen onderzoek
worden genoemd, of wel?**

Albert Einstein

**Ik mis nooit een kans om seks te
hebben of op de televisie te komen.**

Gore Vidal

**We hebben twee oren en één mond
zodat we tweemaal zoveel kunnen
luisteren als spreken.**

Epictetus

‘Het volstaat niet om succes te hebben. Anderen moeten falen.’

Gore Vidal

'De vrouw was de tweede fout van God.'

Friedrich Nietzsche

De enige manier om van een verleiding af te komen, is eraan toe te geven.

Oscar Wilde

Het zou een goed idee zijn.

Mahatma Gandhi, toen hem werd gevraagd wat hij van de westerse beschaving vond

Een econoom is een expert die morgen zal weten waarom de dingen die hij gisteren voorspelde vandaag niet zijn gebeurd.

Laurence J. Peter

Vrouwen en katten doen hun zin. Daar kunnen mannen en honden beter aan wennen.

Robert Heinlein

‘Als het huwelijk niet bestond, zouden mannen hun hele leven denken dat ze geen gebreken hadden.’

Anoniem

‘Roken leidt tot de dood. Als je dood bent, verlies je een belangrijk deel van je leven.’

Brooke Shields

**Zijn onwetendheid is
encyclopedisch.**

Abba Eban

**Als je houdt van oorlogen
die vals poëtisch klinken,
vervelend worden beschreven
en worden geserveerd
in hoogdravend proza
met duur klinkende woorden
die niet veel betekenen, dan is
In de ban van de ring
het boek voor jou.**

John Mortimer

‘God is een komisch acteur die speelt voor een publiek dat te bang is om te lachen.’

Voltaire